Der ganz normale Wahnsinn eines Krebspatienten

Morbus Hodgkin Lymphknotenkrebs

Vorwort

Sehr geehrte Leserinnen und Leser,

Dieses Taschenbuch ist ein Tatsachenbericht der nichts beschönigt. Als ich damals krebskrank wurde, wusste ich ebenso wenig wie jeder Durchschnittsbürger, über diese Krankheit. Doch als ich dieses Mysterium dann am eigenen Körper erlebt habe, wurde mir klar, wie wenig man eigentlich über den ganzen Ablauf weis. Diese Erzählung soll nun jedem der, Interesse hat, ob beruflich, privat oder betroffener, den Weg eines Krebskranken so nah wie möglich bringen. Die hier beschriebenen Umstände sind alle echt, erlebt und authentisch niedergeschrieben. Eine leicht Verständliche, zum Teil Situationskomik gesteuerte Erzählung, die auch Jugendliche anspricht

1

und Wissenswertes übermittelt, gerade wenn ein Elternteil an Krebs erkrankt ist und mal wieder keiner mit den Kindern darüber spricht.
Also tauchen Sie ein in die Welt des Krebspatienten, ich wünsche viel Spaß, auch wenn es ein hartes Thema ist.

Morbus Hodgkin der Anfang vom Ende?

Irgendwann im Mai 2008 so um den 15. bin ich gerade dabei meinen 50. zu feiern und alles war bestens. Die Firma, die ich ein Jahr zuvor gegründet hatte, lief prima und ich hatte keinerlei Probleme. Die Welt lag mir zu Füßen könnte man sagen und die Pläne waren groß.

Ein paar Tage nach der Feier wurde meine Frau krank. Sie hatte eine Mandelendzündung und lag im Bett. Die Mandelendzündung weitete sich dermaßen aus, sodass sie ins Krankenhaus kam. Ein paar Tage später war sie wieder zuhause und ich dachte, na dann wird ja alles wieder gut. Doch am nächsten Tag waren wir beide krank und gingen auch gleich wieder zum Arzt. Der stellte fest, wir haben Scharlach. Bei mir war aber nur eine Mandel entzündet und das fand ich irgendwie komisch. Am Hals, hinter dem rechten Kiefer war ein Lymphknoten so dermaßen dick, dass der Arzt meinte, das müsse sich mal ein Kollege aus der Inneren anschauen und schrieb eine Überweisung aus.

OK, dachte ich mir, geh ich mal hin. Diese dicke Stelle hatte ich eigentlich schon eine geraume Zeit, so drei bis fünf Jahre denke ich und ich war froh, dass sich das endlich Mal einer ansieht. Die meisten Ärzte haben bis jetzt immer nur gesagt, och das geht wieder weg, ist wohl durch den Schnupfen ein bisschen geschwollen und so. Ja mal sehn, was der Arzt der Inneren sagt.

Dort angekommen machte dieser Arzt eine Sonografie. Dass tolle an einer Sonografie ist, man kann am Monitor zusammen mit dem Arzt alles betrachten und der Arzt erklärt zum sofortigen Verständnis auch gleich, was er sieht. Doch was er sah, war nicht so gut. Es handelte sich um bis zu 3.7 cm große Lymphknoten und derer gleich mehr. Bis dahin begriff ich noch nicht, was das heißen sollte, denn kein Arzt wird je zu Ihnen sagen, dass Sie Krebs haben. Es geht immer nur um Schwellungen und gut oder bösartig,

Karzinom oder Zellaktivitäten. Man muss schon genau hinhören, um zu begreifen, was da passiert. Auf jeden Fall riet er mir, ich solle mich so schnell wie möglich mit einer Klinik in Hamburg in Verbindung setzen denn die Sache dulde keinen Aufschub mehr.

Was mir auf dem Nachhauseweg alles durch den Kopf ging, kann man sich vielleicht vorstellen. Was passiert jetzt gerät mein ganzes Leben durcheinander, muss ich meine Firma aufgeben, was sagt meine Frau dazu, wie reagiert meine Familie, meine Kinder? O Gott war's dass etwa, oder gibt's da doch noch Hoffnung? Auf einmal merkt man, dass man sich zwar schon oft mit diesem Thema auseinandergesetzt hat, aber nun betrifft es einen selbst und die oberflächlichen Floskeln von damals helfen einem keineswegs weiter. Ich habe meine Schwiegermutter und meinen Vater an Krebs verloren, und dass ganze miterlebt, einschließlich Finalpflege zuhause. Sicherlich ist es schlimm so was mitzuerleben und man ist gefühlsmäßig ja auch hin und her gerissen, aber keiner weiß

zu diesem Zeitpunkt, wie es wirklich in
einem aussieht und das man für große
Gefühle oder gar Angst gar keine Zeit mehr
hat, ja diese Dinge existieren plötzlich gar
nicht mehr, man ist einfach nur passiv und
harrt der Dinge, die da kommen, behaupte ich
einfach mal. Denn man weiß einfach nicht,
wie es weiter geht, dies kann auch keiner
genau sagen, man geht einfach einen Weg,
von dem man nicht weiß, wo er endet.

Mein Weg war erst einmal ins Krankenhaus.

Ich dachte die behalten mich bestimmt gleich
hier. Doch erstmal war wieder Sonografie
angesagt und ein Arzt nahm eine Probe per
Spritze aus einem der Lymphknoten.
So, jetzt konnte ich wieder gehen, sie melden
sich hieß es. Also war bis jetzt alles noch
Vermutung? War ich vielleicht gar nicht an
Krebs erkrankt? Zu diesem Zeitpunkt hab ich
mich selbst beruhigt und keine Entscheidung

festgelegt um mich nicht weiter verrückt zu machen.

Nach einer Woche etwa kam der Anruf aus der Klinik, ich habe mich am Soundsovielten in der Klinik einzufinden, zur Probeentnahme. So, Probeentnahme, also eine Operation wartet auf mich, na denn, muss ich wohl, komm ich nicht drum herum, jetzt machen die ernst, also, tu ich auch, irgendwie war ich jetzt geschockt. Obwohl ich wusste, irgendetwas wird ja passieren müssen und ich hab ja auch darauf gewartet, aber jetzt, in mir steigt Unruhe auf.

Morgens um neun, in der Klinik, Einweisung, und Zimmer beziehen. Dreibett, jeder der mal im Krankenhaus war kennt diese Situation. Da liegen zwei wildfremde Menschen in ihren Betten, der eine schläft der andere schaut kurz auf, ich schleif meine Tasche zum leer stehenden Bett und fang an auszupacken, eigentlich hab ich jetzt schon die Schnauze voll und will nur wieder gehen. Da geht die Tür auf und eine Schwester

kommt wie ein Wirbelwind ins Zimmer,
„moinmoin sagt sie", na Herr Elsen, Hamm
Se alles was Se brauchen gefunden? Für'n
Schrank brauchen Se n Euro dann können Se
abschließen. Wasser gibt's in der Küche vom
Automaten. Dusche und Klo ist hier und
wenn Se was brauchen sagen Se bescheid,
dreht sich um und zieht die Tür hinter sich
zu.
So, beide Mitbewohner auf Zeit sind jetzt
wach, sehen nun zu mir und ich sag, Elsen
mein Name, Elsen.

Am nächsten Morgen, nach einer ziemlich
unruhigen Nacht, kommt die Schwester mit
meinem OP.-Outfit, Hemdchen und
Netzhöschen. Wenn Se dass dann schon mal
anziehen wollen, und diese Tablette
einnehmen möchten, die Ärztin kommt dann
noch wegen der Unterschrift für den Eingriff,
dann gehen sie noch mal auf Toilette, denn
unser Bett-Schubser kommt sie dann bald
holen. Ich nicke nur, mach mir über die
Reihenfolge überhaupt keine Gedanken, denn
die wissen bestimmt was sie tun und nehme

erst mal die Tablette ein. Dann endgültig vorbereitet liege ich im Bett und warte auf den angekündigten Bettschubser, der mich dann in den OP.-Raum fährt. Ein netter Mensch schiebt mich aus dem Zimmer über die Flure und irgendwie ist alles was gerade passiert lustig oder zum Schießen komisch, woran dass wohl liegt? Die Tablette denke ich, geil, was ist da wohl drin, dass man sich so super fühlt? Man gibt sich total unbekümmert, scherzt mit jedem der einem so begegnet und ist absolut bereitwillig alles zu tun, was einem gesagt wird. Dann kommt die berühmte Schnüffelbüchse und das zählen von 1 bis 10, ich hab glaube ich sieben geschafft.

Stimmengewirr, alles ist verschwommen, jemand sagt, ah, er kommt wieder. An den blauen Kutten kann ich erkennen, ich bin nicht mehr im OP. sondern im Aufwachraum. Hallo Herr Elsen, hallo können sie mich hören? Ich nicke. Sie werden gleich auf ihr Zimmer gebracht, also nicht weglaufen, gell! Bitte was, bitte wie, weglaufen? Ich bin durch

denk ich mir und allem Anschein nach ist
alles in Ordnung. Irgendwie erfreut und
zufrieden denk ich mir auf dem Zimmer
angekommen, jetzt erst mal nur schlafen und
an nichts denken, es wird schon.

Am nächsten Morgen war ich seit langem
Mal wieder so richtig ausgeschlafen und ich
registrierte irgendeinen papierähnlichen
Gegenstand an meinem Hals. Als ich im Bad
in den Spiegel sah, konnte ich einen
Faltenbeutel mit einem kleinen Schlauch, der
in meinem Hals verschwand, entdecken. Es
war eine Wundsekret Dränage und im
Ziehamonica ähnlichen Beutel sammelte sich
das Wundsekret. Dolle Sache, aber sonst
siehst du ganz schön scheiße aus, da hilft
auch kein Waschen und Cremen mehr. Bei
der Visite erzählte der Arzt, dass alles gut
geklappt hat. Er fragte mich, ob ich meinen
rechten Arm bewegen kann und ich meinte ja
natürlich, wieso? Er sagte, es gibt am Hals so
viele Muskeln und Nerven und nur einen
kleinen Bereich, wo man zu den
Lymphknoten kommt, die wir entfernt haben.

Schneidet man etwas zu weit nach unten,
kann man den Arm nicht mehr bewegen und
schneidet man etwas zu hoch, ist die
Gesichtshälfte gelähmt. Aber dass hat bei
ihnen ja wunderbar geklappt Herr Elsen, sie
brauchen sich also keine Sorgen machen. Ihre
Lymphknoten sind schon unterwegs zur
Analyse, einer im Haus und einer in einem
unabhängigen Labor, um Fehler bei der
Diagnose auszuschließen. Jetzt Erholen sie
sich erst mal ein paar Tage bei uns, dann
sehen wir weiter.
Wenn man im Krankenhaus operiert wird,
denkt man eigentlich es dient zur Heilung.
Aber hier liegen erst einmal die Diagnose im
Vordergrund und nicht die Heilung. Dass
dieser Eingriff erst der Anfang eines langen
Weges sein sollte, ist mir zu diesem
Zeitpunkt noch gar nicht so bewusst
geworden. Am Entlassungstag sollte sich das
Ändern. Mein Stationsarzt teilte mir mit,
vorläufig steht fest, es ist kein Karzinom
sondern Zellkernkrebs. Man wird sich mit
mir in Verbindung setzen, um alles Weitere
zu veranlassen.

Tja, mit der Gewissheit es ist Krebs, bin ich dann aus dem Krankenhaus entlassen worden. Was jetzt, was tun, nur warten, Trübsal blasen? „Nein"! Jetzt ist Handeln gefragt und zwar umgehend und sofort. Zu aller erst Arbeitsunfähigkeitsrente beantragen, das ist ganz wichtig, denn je früher man sich darum kümmert um so schneller und sicherer ist die Zukunft abgesichert. Hierbei muss man auch wissen, dass dieser Vorgang mindesten 6 Monate in Arbeit ist, bis das erste Geld fließt. Also gaaanz wichtig!

Zuvor muss das Gewerbe abgemeldet werden und davor müssen noch alle Restarbeiten erledigt werden. Egal, schritt eins bleibt trotzdem die Rente, denn der Tag der Anmeldung ist wichtig, wann dann alle Papiere vollständig sind, ist zweitrangig. Denn bezahlt wird die Rente nicht ab Meldetag, weil Arbeitsunfähigkeitsrente nicht rückwirkend gezahlt wird sondern ab Rentenbescheid und das kann dauern. Ganz wichtig ist auch, wer absehen kann, dass Er

arbeitslos wird, sollte sich sofort im
Arbeitsamt melden und beraten lassen, dies
gilt auch für selbstständige
Alleinunternehmer die ihren Beruf nicht mehr
ausführen können. In beiden Fällen gibt es
hier auf jeden Fall die richtige Lösung für
den kommenden Weg.

Ich kämpfe mich mehr oder weniger durch
den Arbeitstag, jetzt wo ich weis was los ist,
kann ich meine Unzulänglichkeiten auch
zuordnen und ich stelle fest, dass ich das erste
Mal Rücksicht auf mich selbst nehme. Ich
fordere mich nicht mehr, ich gebe mir
Erholungsphasen und arbeite bewusster.
Nichts desto trotzt, ich merke, dass meine
Leistung immer schwächer wird. Liegt wohl
an einem dieser Lymphknoten, der auf die
Halsschlagader drückt. Und so ganz nebenbei
merke ich auch, dass die innere Anspannung
immer größer wird. Ich würde jetzt gerne in
Urlaub fahren, mich irgendwo einigeln und
die Welt, Welt sein lassen. Doch im Klartext
ist dieser Wunsch einfach nur eine Flucht vor
dem, was da kommt. Ich muss jetzt eben alles

tun was noch dringend erledigt werden soll,
um dann, wenn es losgeht, frei von allem zu
sein, was mich belasten könnte. Und dann
war es so weit. Der Anruf kam und ich
musste reagieren, ob ich nun wollte oder
nicht.

Mittwoch, 2. Juli 2008
11:30

Ich befinde mich wieder im Krankenhaus und
habe mich gerade mit der Stationsärztin
unterhalten.
Es ist der Morbus Hodgkin –
Lymphknotenkrebs.
Es gibt das volle Programm. Chemo-Therapie
und Bestrahlung. Es soll als Studie laufen,
Genaueres später. Behandlungszeit wird bis
vier Monate sein. In dieser Zeit kann jede

Infektion die Letzte gewesen sein. Ich muss
größere Ansammlungen von Menschen
meiden. Ich werde mich schlapp fühlen, ich
werde nicht arbeiten können, jegliche
Belastungen muss ich vermeiden. Allerdings
gibt es eine kleine Hoffnung, wenn die
Krankheit noch nicht so weit fortgeschritten
ist, kann man sie sogar vollständig heilen,
was wünschenswert wäre.

13:30

Habe gerade mit meiner Frau gesprochen und
ihr alles mitgeteilt.

Ich werde mein Gewerbe an den Nagel
hängen und mich arbeitslos weil
krankmelden. Alles was ich jetzt noch
einnehmen kann wird gebunkert. Ich
versuche noch vier Wochen raus zuschlagen
so das Ich meine Arbeiten beenden kann und
ab August mit der Chemo- beginnen kann.

Dann kann ich nur hoffen, dass alles gut wird
und ich die besten Ärzte habe. All mein

Vertrauen setze ich in die eigene Heilkraft und die der Ärzte, zusammen wird's schon klappen.

Blut haben Sie mir schon genug abgenommen jetzt kommt noch eine Knochenmarks-Entnahme und die üblichen CT, s - EKG und und und...... wenn ich nicht so krank wäre, wäre es schon wieder lustig, denn in jeder Station wiederholen sie dasselbe Prozedere.

16:30

Die Ärztin meinte, dass die Untersuchungen wohl nicht bis   Freitag abgeschlossen sind, ich hoffe es aber sehr, denn ich will noch ein schönes Wochenende haben.

03.07.08
8:45

Heute war Großkampftag. Zuerst war Röntgen angesagt, kennt jeder, die Geschichte mit der Bleischürze in einem

16

gefliesten abgeschotteten Raum, Oberkörper
frei und dann heißt es „Achtung Aufnahme
bitte Luft anhalten". Das Derzeitige Hylit in
dieser Klinik ist wohl etwas sonderbar. Der
Trakt, in dem ich untergebracht bin, befindet
sich im Umbau und so kommt es, dass der
Zugang derzeit über den Lieferanteneingang
gemanagt wird. Ich werde also von einem
jungen Mann, im Bett liegend über den
Innenhof geschoben. Dann kommen wir an
eine Rampe, wo ein Zivi- wartet, der nun
mithilft, mich nach oben in den nächsten
Trakt zu schieben. Ein Glück, das es im
Moment nicht regnet, denn dann hätte sie
noch eine Plastikplane über mich und das
Bett gestülpt „von außen sieht, dass dann aus
wie, oh da hat's, wieder einer nicht
geschafft". Ich hab mir das später vom
Zimmer aus angesehen, die Jungs haben viel
Spaß dabei, es sieht echt seltsam aus und
manche Patienten wimmern bergab „Oh Gott,
oh Gott".

Computertomografie

Also weiter geht's immer schön im Bett liegend quer durchs Krankenhaus. Einmal umsteigen bitte und ich liege vor der CT-Röhre. Hierbei wird man angestöpselt, um die dafür notwendige transparente Flüssigkeit in den Kreislauf zu pumpen. Wenn es dann losgeht, heißt es „Ok, wir fahren los und jetzt geben wir die Flüssigkeit". Wer schon mal als Kind an einem Magneten gelutscht hat, kann sich den jetzt entstehenden Geschmack im Mund vorstellen und es wird einem warm bis in die Hoden. Bei der laufenden CT wird man genau beobachtet und immer wieder gefragt, ob alles in Ordnung ist. Sehr umsichtig, vor allem bei Menschen die Angst davor haben, was aber unbegründet ist.

Nuklearmedizin

Hier wird erst einmal eine leicht strahlende Flüssigkeit gespritzt, die sich zwei Stunden im Körper verteilt. Die Strahlung der Flüssigkeit baut sich innerhalb acht Stunden wieder ab und ist völlig ungefährlich, wurde mir gesagt. Man liegt dann unter einer runden Apparatur, die direkt ein dreidimensionales Knochenbild inklusive Knorpelweichteile auf den Monitor zaubert. Wucherungen oder Knorpelschäden können so direkt erkannt werden.

EEG und EKG mit Herz-Echo

Viele Kabel, die am Körper mit Saugnäpfen befestigt werden, ansonsten unspektakulär.

Sonografie

Ist die Ultraschalluntersuchung mit viel Glibber auf der Haut. Interessant ist, dass man selbst die Herzklappen inklusivem Blutstrom auf dem Monitor ansehen kann. Je nach Stärke kann man ein Ziepen unter der Haut vernehmen, aber das legt sich wieder.

Knochenmark-Entnahme aus der Hüfte

„Oh Mann", diese wird mit örtlicher Betäubung durchgeführt. Hierbei wird eine dünne Röhre durch die Haut auf den Hüftknochen angesetzt. Dann gibt es einen dumpfen Schlag und der Bohrer sitzt im Knochen. Nun dreht sich der Bohrer langsam in den Knochen bis ins Mark. Ich wurde immer länger auf der Liege und wäre mit Sicherheit runter gefallen, wenn ich nicht von einer Schwester daran gehindert worden wäre. Ich kann nur sagen, das ist genau das Richtige für all meine Feinde. Das Gefühl dabei ist als wäre man beim Zahnarzt, nur der Bohrer läuft gaaanz langsam, sodass man das Knirschen im ganzen Körper spürt. Danach fühlt es sich an wie eine Prellung, aber nach zwei Stunden ist alles wieder vergessen.

Lungenfunktionstest

Hier kommt man in einen Glaskasten, der hermetisch abgeriegelt ist. Eine Klammer auf der Nase und durch ein Rohr atmend ist die

Sache schnell gegessen und morgen geht es weiter. Ich wünsche mir nur, dass alles gut klappt, denn Hodgkin Lymphom ist in der Regel gut zu behandeln sagt der Arzt.

04.07.08

Habe einen Deal mit dem Arzt gemacht „ich gehe übers Wochenende nach Hause und komme am Montag vor der Visite wieder" also doch eine kleine Erholung, wenn man das so nennen kann.

07.07.08

Alle Ergebnisse liegen noch nicht vor, doch es sieht gut aus und ein weiterer Krankenhausaufenthalt bleibt mir erspart. Nun werde ich meine Arbeiten beenden und zwischendurch die Termine, mit den Ärzten, die jetzt die Chemo- und die Bestrahlung machen absprechen. Jetzt aber erst mal raus hier.

Nach einer Woche kam dann das Untersuchungsergebnis. Alle Organe sind gesund und nicht betroffen, noch nicht einmal eine Saufleber oder Gallensteine, eben nichts bis auf das eine, Lymphknoten-Krebs an der rechten Seite der Halsregion und der will mich auffressen und bedroht mein Leben.

Erste Chemotherapie

Wenn mich jetzt jemand fragen würde, wie ich mich fühle, es ist ein seltsames Gefühl zu wissen, das man Krebs hat und es einem dennoch nicht richtig klar ist, was jetzt eigentlich auf einen zu kommt. Denn sind wir uns mal ehrlich, wer weis schon was eine Chemo- ist und was da im eigenen Körper passiert. Viele denken die Chemo- sei eine heilende Medizin, doch das Gegenteil ist richtig. Die Chemo- ist ein aggressiver Stoff, der gezielt gegen bestimmte Zellwucherungen vorgeht und dabei eben nicht nur gegen diese, sondern den gesamten Körper erheblich auf den Kopf stellt. Wer sagt die Chemo- hat ihm nichts ausgemacht ist schon irgendwie unglaubwürdig, oder hat in seinem Leben bisher ordentlich gebechert oder auch sonst nicht gerade gesund gelebt. Denn wer dabei nichts spürt, muss schon gewaltig körpertaub sein, oder einfach nur cool.

Ich weis genau, wie ich das erste Mal im Krankenhaus saß und die Ampullen wurden angestöpselt. Ohne irgendeine Gegenwehr nimmt man nur noch die Erklärungen der Schwester wahr, nickt und dann geht's los. Die erste Chemo- bekam ich noch in der Tagesklinik und nun lag ich da auf meinem Bett und schaute Fernsehen. Nur nicht darüber nachdenken, was da gerade abläuft, viele andere haben diesen Weg auch geschafft und Du kommst da auch durch dachte ich. Ein kaltes Gefühl durchströmt mich, ich ignoriere es. Eineinhalb Stunden später kommt die nächste Pulle zum Einsatz, diesmal etwas speziell, abgedunkelt in

Zellophanpapier, sonst würde eine Reaktion
im Tageslicht stattfinden und mir würde
kotzübel oder mehr!?
Die Pulle dauert zwei Stunden und man kann
wunderbar orange pinkeln, danach, schon war
sie wieder weg, die Schwester.

Zwei Stunden denk ich mir, na das kann ja
heiter werden und ich sollte recht behalten. In
diesem Moment ging die Tür auf und die
Schwester kam mit einem neuen Kandidaten
in die Tagesklinik. Er wurde mir gegenüber
ins Bett gelegt. Kaum war die Schwester aus
dem Zimmer, klingelte er auch schon wieder
nach Ihr. Sie kam und er meinte er bräuchte
doch eine Urinflasche, weil er nicht aufstehen
kann, die Schwester nickte und verschwand
wieder. Ich beobachtete ihn aus den
Augenwinkeln und der Typ war nur am
Fluchen. Ich dachte mir, der hat sich nicht
vorgestellt, also mach ich es auch nicht. Die
Tür ging wieder auf und eine Schwester rief
„Mittagessen", Herr Elsen, das ist für Sie,
und für Sie hab ich die Urinflasche dabei,

stellte sie meinem Zimmernachbarn auf den
Tisch und verschwand wieder.

Hackbällchen mit Kartoffelbrei und Salat,
nicht schlecht, zumal ich damit eigentlich
nicht gerechnet habe. Als ich zu essen
anfange, ist mein Nachbar plötzlich wieder
am Fluchen und zerrt an seinen Klamotten
rum. Der wird doch nicht etwa? Er tut es! Er
hohlt seinen Mehrzweckschlauch aus der
Hose und beginnt mit den Worten, ja, so,
jetzt, raus damit, so ists gut, oha, oha, in die
Urinflasche zu machen,
„Mahlzeit"!
Ich habe trotzdem weitergegessen, zumindest
solange, bis der Uringeruch sich langsam im
Zimmer ausbreitete und mich das Fernsehen
dann doch nicht mehr ablenken konnte. Als
ich mich gerade dazu entschloss, dem Typen
mal kurz die Meinung zu geigen, war der
eingeschlafen.

Zu guter Letzt kommt noch die Ärztin und
stöpselt eine Spritze bei mir an. Als die
Ärztin mir erklärt, dass man früher bis zu

einer halben Stunde brauchte, um diese Flüssigkeit zu geben, hatte sie es mir auch schon in die Ader gejagt. So das war's sagte Sie und wünschte mir für das weitere viel Glück, so wie jeder einfach nur viel Glück wünscht und sonst nichts.

Anschließend ging ich gleich mal raus an die frische Luft, natürlich auch umzutelefonieren, aber in erster Linie wollte ich nur abwarten, bis der Typ wieder weg ist, denn ich musste ja noch bis zum nächsten Morgen bleiben.

Die Wirkung

Es ist schon komisch, man erwartet ja immer gleich danach irgendeine Reaktion, woran man dieses Ereignis nun fest machen kann. Doch da war nichts, zumindest glaubte ich das. Die kommende Nacht war äußerst seltsam. Irgendetwas war anders, ich konnte nicht schlafen, ich war irgendwie ruhelos, als wenn jeden Augenblick irgendetwas passieren müsste, aber was? Ich war die

ganze Nacht irgendwie auf Abwehrhaltung,
aber wovor?

Der Angreifer hat schon längst zugeschlagen.
In meinen Adern und im gesamten
Organismus geht es drunter und drüber, doch
man spürt nichts von diesem Kampf und
dennoch findet er statt. Der Körper wehrt
sich, doch eigentlich kann man sich gar nicht
wehren, denn man kann es nur über sich
ergehen lassen. Bei der nächsten Chemo-
merkt man dann doch, das, was nicht stimmt.
Dass es sich um Zerstörung und nicht um
Heilung handelt, wird einem nun bewusst und
jetzt kann man es irgendwo fest machen,
denn das Zellsterben hat begonnen. Wer jetzt
aber denkt von nun an geht's bergab, ist auf
dem Holzweg denn gleichzeitig stellt man
fest, so war es zumindest bei mir, das die bis
zu 3,7cm dicken Lymphknoten „normal sind
sie fast nicht zu sehen" plötzlich kleiner
werden und der Druck nachlässt. Hier muss
ich sagen, dass einer der Lymphknoten auf
meine Halsschlagader gedrückt hat und hier
fand wirklich eine Entlastung statt. Wenn ich

mich daran erinnere, dass ich mich eigentlich
nicht krank fühlte, als ich zum ersten Mal
zum Arzt ging und diesen Druck auf die
Halsschlagader überhaupt nicht bemerkt
habe, könnte ich mir schon ausmalen, wie die
Sache ausgegangen wäre. Im Nachhinein
wird mir jetzt erst klar, warum ich auf der
letzten Baustelle, manchmal nicht mehr
wusste, ob ich Männlein oder Weiblein bin.
Ich bin ja nur noch wie ein Roboter durch die
Weltgeschichte gelaufen, ohne überhaupt
wahrzunehmen, was um mich herum vor sich
geht. Ohne Gefühl, ohne Gedanken, einfach
nur noch reagiert auf den oder das
Gegenüber, das mich angesprochen hat.
Wenn ich darüber nachdenke, müsste doch
irgendjemandem irgendwann mal was
aufgefallen sein. Oder habe ich mich in den
Augen der anderen total normal verhalten?
Ich wäre wohl irgendwann an
Sauerstoffmangel im Gehirn einfach
umgefallen und wer weis was dann passiert
wäre, ob die Ärzte den Grund gleich
gefunden hätten? Man darf eigentlich gar
nicht darüber nachdenken, doch tut man es,

kann man seine Situation besser verstehen, auch wenn es einem dabei eiskalt den Rücken runter läuft.

Wie gesagt die zweite Chemo- gibt das Signal, es tut sich was.

Trotz dem, sitzt man da im Raum mit dir föllig unbekannten Personen und jeder beobachtet insgeheim den anderen. Manche schlafen ein, andere lesen sehr lange an einer und der gleichen Seite eines Buches und wieder andere sind gerade beschäftigt, da der Tropfautomat mal wieder piept, er hat eine Luftblase im Schlauch entdeckt. Hier gibt es auch Unterschiede, die einen haben einen Automaten, die anderen nicht. Die einen haben einen Port, die anderen eine Braunülle die immer wieder neu gelegt wird. Ich gehöre zu den Braunülle- Typen, sie wird bei jeder Sitzung neu gelegt. Man sollte immer darauf achten, dass diese exakt sitzt, denn wenn der Stoff daneben ins Gewebe läuft, ist nach kürzester Zeit der Arm vergiftet und muss amputiert werden. Also immer schön darauf achten, denn Vertrauen in das Personal ist zwar gut, aber nur eine Winzigkeit, ein ungutes Gefühl und schon kannst du ein Stücken deines Körpers an Ort und Stelle zurücklassen.

Aufmerksam bleiben.

Ich hatte in einer Praxis einen Arzthelfer, wenn der mich ansah, wusste man nicht, schaut der jetzt mich an oder rechts die Wand. Sie dürfen mir glauben, dass ich nicht sehr erfreut war über diese verwirrende Augenstellung, man denke an Martin Feldmann, wer ihn noch kennt.
Nun, der hat ja nen weisen Kittel an und trägt ihn ja nicht umsonst denke ich, also lege ich meinen Arm auf die Lehne und schau ihm zu. Er desinfiziert eine Stelle am Unterarm und packt die Braunülle aus, grinst, und präsentiert mir sein Gesicht. Das eine Auge links an mir vorbei, das andere rechts an mir vorbei, senkt den Kopf und sticht zu. „Ups", sagt er, die Vene ist mir jetzt weggerollt …
bohrt noch mal nach link, nach rechts und

zieht sie mit dem Spruch „kann ja mal passieren" wieder raus. Ob's an dem weisen Kittel liegt, frag ich mich und hör ihn sagen, dann nehmen wir den Handrücken. Stellen Sie sich vor, sie hätten einen Schlauch, der irgendwo seitlich angekratzt ist, und sie wollen dann mit druck Wasser durchjagen. Was passiert ist klar, die dünne Stelle platzt und das Wasser schießt aus dem Schlauch. In diesem Fall wäre es mein Armgewebe und wir erinnern uns, Arm ab. Er sticht trotzdem in den Handrücken und verfehlt auch hier die Ader. Er zieht die Braunülle erneut heraus und dreht sich auf seinem Stuhl weg von mir.

Schwups dreht er sich wieder um, greift meine linke Hand und meint „ja, hier geht's", desinfiziert sticht zu und diesmal durch. Auf meinem Handrücken bildet sich eine Blutblase, er drückt ein Wattepad drauf und sagt halten sie mal und zieht auch diese Braunülle heraus. Mein Protest wird kurz laut dann geht mein Kreislauf auf hundertachtzig, ich werde zuerst knallrot dann aschfahl und dann dreht sich alles. Er werlässt den Raum mit den Worten, komme gleich wieder und

ich saß da mit drei Einstichen und ohne
Braunülle. Nun kam er mit einer Schwester
an, die mir gleich ein Glas Wasser reichte
und fragte „geht's wieder"? Am besten legen
Sie sich erstmal hin, damit sie wieder ruhiger
werden, soll ich ihre Frau holen? Ich nicke.
Als die Schwester mir dann kaum merkbar
eine Braunülle legt denke ich mir, es liegt
doch am weisen Kittel, sonst hätte ich ihm
eine geschmiert, es war knapp!
Im Übrigen, wenn man Chemo- bekommt,
werden auch die Adern immer schlechter und
je mehr Stiche umso weniger die Möglichkeit
eine Braunülle zu legen wurde mir zu Anfang
mal mitgeteilt. Also kann man meine
Reaktion bestimmt verstehen denn
Schielauge hab ich nie wieder an mich ran
gelassen, zumindest nicht freiwillig.

Wenn Sie noch wichtige Sachen zu erledigen
haben, dann tun sie dies spätestens nach der
zweiten Chemotherapie. Denn die Dritte geht
schon an die Substanz, das heißt, ab jetzt
haben sie keine Zellreserven mehr, worauf
der Körper zurückgreifen kann. Jetzt werden

auch die Gesunden Zellen daran gehindert sich neu zu produzieren und sie können sich langsam darauf einstellen, das sie viel schlafen werden und wenig belastbar sind. Mit wenig belastbar meine ich auch, dass ihre Merkfähigkeit nachlässt, denn wo nichts ist, kann auch nichts gespeichert werden. Man wird schlichtweg doof. Hüten sie sich Versprechungen zu machen, sie werden sie nicht einhalten können. Nehmen Sie sich nichts vor, denn sie werden es sowieso nicht tun und wenn sie jemanden haben der sich um sie kümmern kann, dann sollten sie diese Hilfe annehmen. Lassen sie alle wichtigen Dinge von einer Vertrauensperson erledigen, denn sie werden Fehler machen, ohne dass es ihnen bewusst ist. Das Langzeitgedächtnis bleibt voll in Takt, doch das Kurzzeitgedächtnis geht ihnen verloren und an manche Dinge können sie sich gar nicht oder nur schwer erinnern. Sie werden wie ein alternder Mensch, die Haare fallen aus im Magen flau, das Hirn wie ein Sieb, aber alle haben Sie Lieb.

Bei der dritten Chemo- tropft das leben so dahin, wortwörtlich.

Man merkt, wie es einem immer schlechter geht, Tropfen für Tropfen. Ich habe meine Kopfhörer auf laut gestellt und schau mich wie jeder insgeheim um. Jetzt kommt mir der Gedanke, wie viele hier schon gesessen sind und wie viele es trotz dieser Tortur nicht geschafft haben. Eine Frau viel mir auf, weil sie gekühlte Handschuhe tragen musste, mit dem Hintergrund, dass sich von der Chemo- nicht die Fingerkuppen ablösen. Es ist schon schauderhaft was da so passiert aber, man vergisst es ja, zumindest in dieser Phase hat dass auch wieder was Gutes. Vermeiden sie, nachzudenken, es zieht sie nur noch weiter runter, obwohl sie sowieso kein richtiges Gefühl dafür entwickeln können, denn sie werden auch im Gedanken teilnahmsloser werden. Ab einem gewissen Zeitpunkt interessiert sie sowieso nur noch unmittelbar das, was sie betrifft. Für mehr haben sie nämlich gar keine Aufnahmekapazität mehr. Sie werden feststellen, dass sie immer öfter

wegnicken und nach dem Schlaf ist alles
wieder neu. Gerade Erfahrenes ist wieder
vergessen und sie machen nur das, was sie
eben gerade machen. Es bleibt eben nur ein
Weg übrig, nicht links nicht rechts nicht
stopp ich mag nicht mehr, sondern einfach
immer geradeaus durch, denn Nachdenken
oder Traurigsein ist gar nicht mehr möglich.
Zum einen kann man nicht mehr Nachdenken
und zum anderen weis man, auch nicht
worüber man traurig sein soll, denn den
Grund dafür hab ich schon wieder vergessen
und worüber soll ich noch mal Nachdenken,
mich beschleicht ein Gefühl … ich muss mal.
Selbst darüber muss man nachdenken, wann
war ich das letzte Mal, war das groß oder
klein, ich kann ja mal vorsorgehalber … Sie
gehen langsamer, bemerken es aber nicht. Im
Bad kommt ihnen was entgegen, das eigene
Haar und sie sehen irgendwie anders aus,
schrumpelig unter den Augen, grau im
Gesicht, bin ich das wirklich da im Spiegel?
Ich verlasse das Bad wieder und frage mich
was wollte ich jetzt eigentlich, sehe eine
Banane in der Küche und esse sie, setz mich

und schlafe ein. Dann ist alles wieder wie neu und täglich grüßt das Murmeltier!

Zwischen der dritten und vierten Chemo- erhole ich mich gar nicht mehr, es ist alles irgendwie gleich bleibend. Ich schätze, dass die Zellen, die jetzt im Körper aufgebaut werden, nicht mehr ausreichen, eine spürbare Verbesserung meines jetzigen Zustands herbeizuführen. Von jetzt an hat die Chemo- gewonnen.

Jetzt kommt die vierte Chemotherapie.

Und ich gehe mit vollem Elan, wenn man das so nennen kann, darauf zu. Ich lasse mir die Braunülle legen, setz mich auf einen Stuhl und lass mich anstöpseln. Ich habe das Gefühl, jetzt spüre ich die Chemo- noch intensiver aber egal, es ist ja die Letzte denk ich mir und dreh meine Kopfhörer wieder auf. Ich weis zwar nicht, ob das so richtig ist, aber dieses Mal jagen sie mir die Chemo-, die sonst vier Stunden dauert, in zwei Stunden rein. Mein rechter Arm und die Schulter schmerzen nach dieser Tortur und ich bin irgendwie überhaupt nicht mehr ich selbst. Meine Frau ist auch sehr erstaunt das Ich schon fertig bin schaut mich an und denkt sich ihren Teil. Wir warten noch, weil der Arzt mit uns sprechen will, und ich schmecke und rieche die Chemo- dieses Mal sehr intensiv. Als wir warten, sehen wir zu, wie die Polizei vor der Haustür der Praxis, ein Fahrzeug zur Verwarnung aufschreibt. Meine Frau sagt zu mir, der Mann ist drin und will seine Frau rausholen, doch die kann nicht mehr aufstehen. Also werden wir aktiv und teilen dies den beiden mittlerweile wieder im Polizeiauto sitzenden Polizisten mit und appellieren an ihrem Handeln herum. Irgendetwas hat die beiden dann doch umgestimmt und sie haben den Strafzettel wieder abgenommen, sehr zur Freude des Autobesitzers, den meine Frau daraufhin informierte. Da rief uns auch schon der Arzt ins Sprechzimmer und ich taumelte eigentlich mehr in die Richtung, als das Ich ging. Im Zimmer angekommen, klagte ich ihm sofort mein Leid, über die Schmerzen in Arm und

Schulter, doch er meinte, darauf könne er sich keinen Reim machen, und außerdem währe es egal, ob die Chemo- nun in zwei oder vier Stunden in den Körper gepumpt wird!? Im Übrigen würde ich wieder sehr gut aussehen und an sonnten auch wieder ganz der Alte sein. Erstens haben wir uns erst zweimal gesprochen und zweitens woher will der mich denn eigentlich kennen frage ich mich. Als ich versuche meine Gedanken zu fassen und zu ordnen, um eine Gegendarstellung zu formulieren werden wir auch schon Richtung Tür geführt und eh ich einen Ton sagen kann sind wir auch schon aus dem Haus. Ich denke „was war denn dass jetzt". Hat der mich nicht ernst genommen, oder will er, wenn ein Fehler gemacht wurde, diesen gleich im Keim ersticken? Gut, normal vergesse ich ja zurzeit alles wieder, aber die Schmerzen blieben bis heute und aus diesem Grund habe ich es nicht vergessen. Ok! Das, dass Ganze nicht ohne Nebenwirkungen abläuft, war mir ja klar. Doch wenn die Nebenwirkungen wissentlich, durch falsches Handeln, herbeigeführt werden, bin ich nicht damit

einverstanden. Zumal der zweite
Chemobeutel von Schielauge eingestellt
wurde und ich dachte noch, bitte nicht der.
Aber wie gesagt, man denkt zwar ganz kurz
nach, aber man reagiert einfach nicht mehr,
man kann sich nicht wehren, man ist
ausgeliefert.

Endlich zu Hause angekommen bin ich
einfach nur fertig. Ich kann mich noch nicht
einmal freuen, dass dies die letzte Chemo-
war, denn diesmal ist die Wirkung
unbeschreibbar, ich kann mich nicht mehr
daran erinnern. Alles, was zwei Wochen
danach war, weis ich beim besten Willen
nicht mehr, noch nicht einmal ansatzweise.
Ich brauche gut vier Wochen, um mich aus
der Dunkelheit, die mich umgab, wieder
herauszuholen und mich bewusst in meinem
Leben zurechtzufinden. Und ich fange ganz
langsam an zu begreifen, dass meine Zellen
sich wieder regenerieren. Ich freue mich,
über jede Kleinigkeit, die mir wieder gelingt,
und ich habe das erste Mal das Gefühl, es
geht bergauf.

Nach dieser kleinen Pause von fünf Wochen, die mir allerdings viel kürzer vorkamen, denn man kriegt immer noch nichts so richtig gebacken und ein Zeitgefühl entwickelt man erst allmählich wieder, steht die Bestrahlung an. Jetzt kann man sagen, vor einer gewissen Zeit tropfte mein Leben so vor sich hin aber jetzt sind die Aussichten strahlend, weil zum Abschuss freigegeben.

Strahlentherapie

Was ist das eigentlich frag ich mich, werde ich jetzt ver- oder bestrahlt und was passiert da eigentlich genauer? Es ist ganz einfach zu verstehen, ein gebündelter Lichtstrahl, wird so in länge und breite positioniert, „ähnlich wie die Sonne mit einer Linse auf den Brennpunkt gebracht wird", dass nur der gewollte Bereich im Körpergewebe verbrannt wird. Also ein gezielter Beschuss mit einem

Laserstrahl direkt auf die Krebszellen und das unmittelbar umliegende Gewebe. Dies wird solange wiederholt, bis sich die Krebszelle nicht mehr reproduzieren kann und somit an Ort und stelle ausstirbt. Wenn nach der Behandlung die umliegenden gesunden Zellen den Platz der Krebszellen eingenommen haben, haben sie gewonnen. Natürlich, sagt mir mein Arzt ist auch hier mit Nebenwirkungen zu rechnen. Das umliegende Gewebe wird ähnlich wie ein Sonnenbrand in Mitleidenschaft gezogen. Die Funktionen der Speicheldrüse werden beeinträchtigt, die Geschmacksnerven werden irritiert, sodass das Geschmacksempfinden zurückgeht, die Speiseröhre wird empfindlich und man kann schlechter schlucken, die Haut im Bestrahlungsbereich fühlt sich dünner und gereizt an, aber sobald die Bestrahlung beendet ist, soll sich alles allmählich wieder normalisieren und schlussendlich komplett verheilen. Na dass sind doch strahlende Aussichten oder?

Nun, mein Empfinden ist irgendwie anders.

Die Bestrahlung am Anfang war überhaupt nicht zu spüren. Gut, ein winziges Kribbeln war hier und dort mal zu spüren, aber sonst nichts und ich dachte schon nach einer Woche, wenn das so bleibt, dann ist ja alles OK. Doch wie es so ist im Leben, kommt es erstens anders und zweitens als man denkt. In der zweiten Woche ändert sich auf jeden Fall das Geschmacksempfinden und zwar nicht langsam sondern schlagartig von einem Tag zum anderen. Bei mir liegt die Änderung im salzigen Bereich, alles Süße hat noch Geschmack. Dann schmeckt plötzlich auch das Zitronige nicht mehr, einige Sachen schmecken nur noch nach Schleim. Fleisch wird wie Schleim mit Widerstand und spätestens jetzt ist es manchmal hilfreich sich zu erinnern, wie etwas geschmeckt hat. Den es ist hilfreich, wenn man sein Geschmackswissen abrufen kann und wenigstens die Vorstellung eine ungefähre „mm, schmeckt ja doch noch ein bisschen

Vorstellung zulässt", obwohl es nicht so ist. Ganz nebenbei bemerke ich, dass sich meine Nebenhöhlen entleeren, ständig läuft irgendein Schleim aus dem Kopf über den Kehlkopf, sodass ich ständig schlucken muss. Da bei mir die Bestrahlung nur auf der rechten Seite des Halses ausgeführt wird, merke ich langsam, wie sich meine Speiseröhre empfindlicher anfühlt. Am meisten merke ich es beim Schlucken, als wenn man irgendeinen kleinen Gegenstand im Hals hat, der mich unentwegt schlucken lässt und genau das tut ein bisschen weh. Aber kaum hab ich mich darüber geärgert geht schon die nächste Show los, ich wache morgens auf und kann nicht mehr hören. Mein rechtes Ohr hat irgendwie einen Unterdruck erzeugt und mein Trommelfell fängt an zu brummen. Es brummt immer dann, wenn nichts zu hören ist. Sobald ein lautes Geräusch ertönt ist das Brummen weg. Weil dass jetzt wirklich nervt, beginne ich meine Nase zuzuhalten und blase meine Ohren sozusagen frei. Für einen Moment kann ich sogar wieder hören, bis sich der

Unterdruck wieder aufbaut und das Ohr
wieder zu brummen anfängt. Eines Nachts
fühle ich wie ein Pfropfen durch mein rechtes
Innenohr wandert, es war ziemlich
schmerzhaft, aber war wohl für diese Show
verantwortlich, ich frag mich allen Ernstes,
wo ist der Proppen abgeblieben?
Das Brummen blieb zwar noch ne weile aber
irgendwann lies auch dass wieder nach,
sodass mein Gehör langsam wieder kommt.

Freude? Nur kurz.

Ab jetzt spüre ich, wie sich eine Art
Entzündung quer durch meinen Hals
breitmacht, ich steh morgens auf und hör
mich an wie ein berühmtes deutsches
Poppbarden Duo in seinen besten Tagen. Ab
jetzt habe ich einen Modern-Talk! Am
Telefon erkennt mich kein Mensch mehr,
weil meine Stimme so dermaßen hoch ist und
am Hörer quakt mich mein Teilnehmer in
einer Dreistimmensynthese an als wäre er ein
Computer! So ganz nebenbei flimmert dann
noch mein rechtes Auge und darüber bildet

sich zu allem Überfluss noch ein komischer Druck. „Mann", denke ich mir, was kommt jetzt noch?

Vielleicht sollte ich jetzt eine Gesangs-Kariere hinlegen, aber mit dem Gehör? Und sehen kann ich auch nicht richtig.

Jetzt bin ich wirklich zum Abschuss freigegeben. Bei jeder Bestrahlung wird bei mir fünfmal geschossen. Also fünf Mal siebzehn tage, sind fünfundachtzig Schuss. Auf jeden Fall brauchte es gute vier Tage, bis sich dieser Zustand wieder annähernd normalisiert hat, es lag zum Glück das Wochenende dazwischen, samstags und sonntags wird nicht geschossen, ein bisschen Erholung währ jetzt recht denk ich mir.

Ich würde ja so gerne mal wieder zum Italiener gehen und so richtig schlemmen, aber ich schmecke überhaupt nichts mehr, ich beiß nur noch in Pappkarton. Oder einfach mal wegfahren, eine andere Umgebung, andere Leute oder ein anderes Land, egal nur weg. Aber es geht nicht, ich muss dran bleiben sonst krieg ich mein letztes

Grundstück mit Grenzstein, worauf dann steht „vom Weg abgekommen und an Wildwuchs gestorben, Krebs sei dank", und das ist dann wirklich dass Letzte, was ich will. Ich will Leben!!!

Doch für alles gib es auch irgendwo einen Weg. So erfahre ich, dass mir nach der Strahlenbehandlung eine Reha zusteht und ich diese auch gleich hier im Strahlenzentrum Hamburg Nord beantragen kann. Also los zum Empfang und die Papiere besorgen.

Mein Amtsarzt, der mich wegen des Rentenantrages untersucht hat, sagte mir, ich werde für sie eine Reha bzw. Kur Empfehlung aussprechen, denn die haben sie dann dringend nötig. OK. Doch wenn hier die Möglichkeit besteht, das Ganze direkt zu beantragen, bin ich dabei denn „doppelt gemodelt hält besser", sagte meine Oma immer. Wenn man was will, sollte man die, die es geben, solange torpedieren, bis sie es rausrücken, besonders wenn es um Ämter geht. Denn wie schon beschrieben, alles, was mit der Rentenversicherung zu tun hat, dauert seine Zeit.

Ein deutscher Sänger hat die Zeile „auch der härteste Scheiß geht irgendwann wieder vorbei" in einem seiner Lieder gesungen. Wie realitätsnah dieser Satz ist, merke ich gerade, die Bestrahlung geht zu Ende, der Finalschuss wird gesetzt. Hört sich brutal an, aber es ist die Befreiung, die ich mir seit Langem gewünscht habe. Endlich nicht mehr jeden Tag nach Hamburg und dann die Gewissheit von nun an kann's nur noch bergauf gehen „dass beflügelt". Trotz aller Strapazen muss ich auch mal etwas Positives über das Bestrahlungsteam, im Strahlungszentrum Hamburg Nord sagen. „Topp und sehr toughes Team". Hier sind Sie in sehr guten Händen und profitieren von einem Erfahrungsschatz, der seinesgleichen sucht. Danke noch mal an dieser Stelle, denn wenn ich an das Chemo-Team denke, in einem Einfamilienhaus in einem Wohnzimmer sitzend, keine gute Erinnerung. Doch nach dem Abschlussgespräch mit meinem Arzt im Strahlungszentrum geht wieder die Sonne auf, die Lymphknoten sehen gut aus und das Blutbild zeigt keinerlei Auffälligkeiten mehr. Endlich gute Nachrichten!

Jetzt kommt die Erholungsphase, alle vernichteten Zellen werden sich jetzt wieder aufbauen, denn die Gesunden können sich regenerieren, die Krebszellen nicht und ich hoffe inständig, dass von denen auch nicht eine übrig ist. Denn wenn es so wäre, würde alles von vorne beginnen, nur mit dem Unterschied, dass mein Körper und vor allem mein Herz, dass in dieser Stärke nicht mehr verkraften würde. Dann sinkt das Erfolgsprofil erheblich, aber daran will ich jetzt überhaupt nicht denken.

Fast wie ein Koma

Gut eine Woche bin ich jetzt zu Hause und irgendwie werde ich ungeduldig. Das Gehör ist immer noch nicht vollständig zurück und der Geschmackssinn macht keinerlei Fortschritte. Eines Abends, ich will zu Bett, geh ins Bad und bekomme auf einen Schlag

Schüttelfrost. Ich schau mich im Spiegel an und denke „och nicht schon wieder, stell das ab", sag ich zu mir selbst und fühle ein Knacksen in meiner rechten Gehirnhälfte, als wenn jemand einen Stromkreis schließt.

Genau in diesem Moment hörte der Schüttelfrost auf und ich geh ins Bett. Ich bin erst 36 Stunden später wieder aufgewacht, total durchgeschwitzt. Was war dass denn, frage ich mich und versuche mich zu erinnern. Ich hatte einen Traum, in dem ein weises Viereck immer von links nach rechts über eine schwarze Fläche raste und nach einer gewissen Zeit, leuchtete die schwarze Fläche weis auf und das Spiel begann von vorn. Wie Sektoren einer Festplatte die geprüft und abgesegnet werden. So ging das die ganzen 36 Stunden und zum Schluss wurde Sektor für Sektor abgeschlossen, mit dem Letzten bin ich aufgewacht. Wenn es so etwas wie einen Neustart aller Systeme in einem Körper gibt, dann ist der gerade bei mir durchgeführt worden, denke ich mir. Mein Arzt konnte sich darauf keinen Reim machen, doch er gab mir Antibiotika, um eventuellen Neuerkrankungen vorzubeugen. Eine Woche brauchte ich, um mich wieder zu erholen, vielleicht hat mein Körper sich einfach mal eine Auszeit genommen, denn seit Beginn, der Diagnose im Mai, bis jetzt Mitte November, also fast sechs Monate, stand ich ununterbrochen unter Strom, da wäre es nicht verwunderlich, wenn eine Art Erschöpfungszustand eingetreten ist.

Auf jeden Fall habe ich jetzt erst richtig das Gefühl, dass mein Körper Fortschritte macht. Ich wirke Erholter, sogar mein Gehör kommt wieder und mein Geschmack macht sich links unterhalb der Zunge leicht bemerkbar. Das Einzige, was jetzt nervt, ist der Geruchssinn. Wenn ich ins Bad gehe, rieche ich schon von Weitem, den Parfümstein. Dieser Geruch ist dermaßen intensiv und erinnert mich an die Chemo-. Ich kann mich jedes Mal schütteln vor Ekel. Es gibt noch sehr viele Gerüche, die ich nicht einordnen kann, manchmal ist es so arg, dass ich den Raum verlassen muss. Doch insgesamt ist das Gefühl besser als vor den 36 Stunden.

Mir fällt jetzt nur noch auf das Ich öfter Duschen muss, da sich die Haut am gesamten Körper erneuert. Es schuppt und juckt überall und meine Hände sind so dünn und empfindlich geworden, dass kleine Ecken fast wie Nadelstiche wirken. So ein Gefühl hatte ich das letzte Mal, als ich meine Lehre angefangen hatte und die ersten Schweren Dinge über längere Zeit in der Hand halten musste. So gesehen macht sich der Zellaufbau langsam aber stetig bemerkbar und ich bin angenehm überrascht. Wenn sich alles neu entwickelt, kann man nur hoffen, dass die Krebszellen es nicht tun. Dieses Ergebnis bekomme ich erst drei Monate nach der Behandlung „bin gespannt".

Studienzentrale der DHSG

Mein gesamter Krankheitsverlauf wird von der Deutschen Hodgkin Studiengruppe „Studienzentrale der DHSG" in Köln überwacht. Das soll heißen, die Chemo- und Bestrahlungs-Einheiten werden von dieser

Gruppe vorgegeben. Hier werden aus einem
Datenpool von etlichen vor mir erkrankten
Personen die Erfahrungswerte gebündelt und
zu meinen Gunsten verwertet. Dasselbe wird
mit meinen Daten und entnommenen Proben,
die ich für weitere Forschungen zur
Verfügung gestellt habe getan. Es dient also
in erster Linie der weiteren Erforschung
dieser Krankheit und somit auch dem Wohl
der Patienten, die nach mir kommen. All
diese Daten sind endpersonalisiert. Das heißt
wiederum, alle Daten sind für die Forschung
so abgelegt, das niemand feststellen kann von
welcher Person diese Daten stammen. Dies
soll den Datenschutz für jeden Einzelnen
erhöhen und sollten die Daten dennoch in
falsche Hände geraten, lassen sich keinerlei
Rückschlüsse auf die einzelnen Personen
herleiten „heißt es".
Weil nun diese Studiengruppe
Entscheidungen trifft, die weitreichende
Folgen mit sich bringen, hat die Deutsche
Krebshilfe eV hier eine Versicherung
installiert. Damit sollen eventuell auftretende

Schäden während der Behandlung an Personen abgedeckt werden.

Ich kann nur jedem Empfehlen der in so eine Lage kommt, nach eben diesen Studien zu fragen und wenn möglich zuzustimmen. Leider muss ich hier auch sagen, dass nicht jede onkologische und radiologische Praxis an dieser Studie teilnimmt. Das hat zur Folge, dass man eventuell von Pontius zu Pilatus quer durch die Lande kutschiert um die entsprechenden Ärzte zu konsultieren. Ich frage mich natürlich, warum ist das so.

Warum wird hier nicht an einem Strang gezogen. Wieso wird das vorhandene Wissen nicht allgemein genutzt und nicht von allen Ärzten getragen. Gibt es vielleicht immer noch keinen Standard, der diesen Datenpool für jeden zugänglich macht, oder forscht da immer noch jeder vor sich hin und traut nur seinen eigenen Erfahrungen, schließt dadurch aber auch seine Patienten von der Teilhabe aus?

Ich für mein Teil fühle mich auf alle Fälle gut in dieser Studie aufgehoben, obwohl es kein Garant für den Erfolg gibt.

Die Studie sorgt allerdings für die Nachsorge, die im ersten Jahr nach der Behandlung alle drei Monate stattfindet, im zweiten Jahr halbjährlich und im dritten Jahr jährlich und das mein Leben lang. Kommt es zu einem neuen Befund, ist damit die Früherkennung gewährleistet und die notwendigen Maßnahmen können eingeleitet werden, was ich natürlich nicht unbedingt erleben möchte.

Ab jetzt warte ich nur noch auf meine Kur „meine Erste"!

Ich möchte mich bedanken dass Sie sich die Zeit genommen haben meine Geschichte zu lesen. Ich hoffe ich konnte Ihnen einen Einblick und vielleicht auch ein paar Ratschläge vermitteln.
Sollten Sie ein Betroffener sein, wünsche ich Ihnen viel Glück.
Haben Sie keine Angst, es wird schon, viele Krebskranke vor mir und Ihnen, haben es auch geschafft.

Herstellung und Verlag:
Books on Demand GmbH, Norderstedt

ISBN-13: 978-3-8370-8543-3